Über Rose Ausländer

»Ich kenne in der Dichtung der Gegenwart kein schlagenderes Beispiel zur Erhärtung des alten Satzes, daß alles Erhabene und Schöne einfacher Art sei, als das Werk von Rose Scherzer-Ausländer. Die Dichter unserer Tage bevorzugen das Ungewöhnliche, Unerhörte, Komplizierte und Differenzierte, das um jeden Preis Neuartige und Überraschende in Idee und Ausdruck, und vergessen allzuleicht, daß die großen Offenbarungen der Schönheit in der Natur – und Dichtung soll ja Natur sein – zu ihrer vollen und tiefen Wirkung durchaus keiner Kommentare bedürfen. Das Gedicht Rose Ausländers aber spricht das Natürlichste, Selbstverständlichste und Menschlichste so aus, daß es neu und zum ersten Male gesagt erscheint. Sie ist den Grundmächten verhaftet, und nicht den Modemächten. Ihre Sprache, klar, ungekünstelt und bündig, folgt der großen Tradition, und Ehrfurcht vor der Sprache bestimmt den Ausdruck. Seine Schlichtheit ist oft erschütternd, und wie tiefe Wirkungen erzielt, welche Ahnungen des Schicksals und der Grunderlebnisse beschwört in einem ihrer Liebesgedichte beispielsweise der Satz ›Und alles wird dann anders sein . . .!‹ Und dabei stammt ihre dichterische Eigenart durchaus nicht aus Bezirken des Emotionellen oder verdankt ihre Wirkung Mitteln der ästhetischen Bezauberung, also etwa musikalischen oder malerischen Elementen. Es ist eine geistige Landschaft in ihr, die seelisch erschüttert, ein denkendes Herz, das singt.« Alfred Margul-Sperber

Rose Ausländer wurde am 11. 5. 1907 in Czernowitz, Bukowina, geboren. Sie studierte Literaturwissenschaft und Philosophie. 1941–1944 verbarg sie sich zusammen mit ihrer Familie vor der Verfolgung der Nationalsozialisten in einem Kellerversteck in Czernowitz. 1944 erste Begegnung mit Paul Antschel, der sich später Celan nannte. 1946 wanderte sie in die USA aus. 1963 kehrte sie nach Europa zurück, zunächst nach Wien. 1965 zog sie nach Düsseldorf, wo sie auch heute noch lebt. Für ihr lyrisches Werk erhielt Rose Ausländer, Mitglied des Internationalen PEN, u. a. folgende Auszeichnungen: 1965 Ehrenpreis der Stadt Meersburg für ›das beste Gedicht‹; 1966 Silberner Heine-Taler des Verlags Hoffmann und Campe; 1967 Droste-Preis der Stadt Meersburg; 1977 Ida-Dehmel-Preis und Andreas-Gryphius-Preis; 1978 Ehrengabe des Kulturkreises im Bundesverband der Deutschen Industrie.

Rose Ausländer

Im Atemhaus wohnen

Gedichte

Mit einem Porträt
von Jürgen Serke

Fischer
Taschenbuch
Verlag

Diese Ausgabe enthält sämtliche Gedichte aus dem Band ›Doppelspiel‹ (3. Auflage, Juni 1978) und eine Auswahl aus ›Gesammelte Gedichte‹ (3. Auflage, Februar 1978), beide Literarischer Verlag Helmut Braun KG, Köln

Auswahl: Berndt Mosblech

Fischer Taschenbuch Verlag
März 1981
Neue Auswahl

Umschlagentwurf: Jan Buchholz/Reni Hinsch
Foto: Harro Wolter

Fischer Taschenbuch Verlag GmbH, Frankfurt am Main

Gesamtherstellung: Hanseatische Druckanstalt GmbH, Hamburg
Printed in Germany
580-ISBN-3-596-22189-7

Inhalt

Das dividierte Gesicht

In allen Hallen plappern Uhren
das dividierte Gesicht des Zifferblatts
gibt sich dem Zeiger hin
x-mal
lieblos und ohne Geruchsinn

Telefondrähte verbinden die Weltteile mit
feindlichem Frieden
gefährliche Formeln bewachen die Grenzen
das Janusgesicht unsrer Epoche
grinst

Du suchst das verlorne Eden
stolperst über Grabhügel
den Eingang bewachen Stahlengel
in nackten Ästen nisten gefrorne Vögel

Du flüchtest ins Album der Fotoländer
auf irlandgrünen Flächen tanzt das Volk
Lugano leuchtet vokalblau
Schubert an den Flieder gelehnt
vertont Wien

unter dem lieblosen Herzschlag der Uhren

Elektrisches Lächeln

Gesichter
aus dem Spiegel gestiegen
von der Uhr in die
Gasse gejagt

Das elektrische Lächeln
wird aufgedreht

Komm
es ist Zeit
elegisch zu sein
eine Minute

Schon wird das
elektrische Lächeln
ausgeschaltet
schon mußt du einsteigen
in den Rhythmus der Räder
schon fährst du
auf Schienen
elektrisch geladener Stunden

Das Signal

Ein Gerücht geht um
in den Kontinenten
und Ozeanen
bis zum Apex der Erde
ein ungenaues Gesumm:
ENDE – UMGESTALTUNG

Menschen sitzen in Sälen
aus Spiegeln und Glas
und warten auf ein Signal

Meere halten den Atem an
in Erwartung anderer Wasser
Gipfel messen sich
unter dem Starrblick der Sterne
Völker beäugen einander
von Glaswand zu Glaswand
in Furcht vor Vermengung

Sie sitzen in Sälen
aus Spiegeln und Glas
jedes in seiner
hermetischen Kapsel
und warten auf das Signal

Würfel

Mondrianspiel
        Manhattans Würfel
nicht rot nicht gelb
        grau fallen sie ins Aug

Im Ameisenstaat
        wir tragen Balken
legen sie den
        Wolken in den Weg

dienen sollt ihr
        wie wir dem Babelbau
Mit Zahl und Zange
        die Zeit zahlt es uns heim

Chinatown

Enge Gäßchen
quer und quer
senfgewürzt
Lotrechte Namen
über Buddhas und Tand

Im Keller
das Halbdunkel duftet nach
Lampions und Limonen
über Papierbrücken
Musik der Stäbchen
auf Porzellan
wo rosa der Hummer ruht zwischen
Stengeln und Saft

Pfauen öffnen blaue Fächer
auf Seidenärmel
Die kleine Frau im Kimono
beschwört den Teegeist
in der Kanne

6000 Jahre
in schwarze Augen geschlitzt
das Erbe verbergend

Um das verschwiegene Viertel
sieh die Chinesische Mauer
himmelhoch gezogen von
dünnen Pinseln und
Konfuziuslehren

Das Karussell

Heute ist die Gasse ein
Kinderkarussell
kreist
        um den Vorfrühlingsriesen
und die schreigesprengte Luft
zeigt die Häuser wie sie
aus dem Bad steigen nackt

kreist
        um den Märzmann der
derbe Worte wirft und flucht weil
sein grüner Rock noch nicht fertig

kreist
        und die Kinder lachen
fahren den Himmel hinauf
schleudern blaue Schreie
in knusprigem Englisch

kreist
        und die gerösteten Kastanien
an der Straßenecke platzen im Becken
Mütter und Gouvernanten
im Gruppengesumm halten
sich fest an die Schöße des Riesen

und das Kinderkarussell kreist
über sie schwindelfrei
kreist
        voll blauem Geschrei
um die windumwickelte Sonne

April

Da kommt er
wirft Luftlappen ins Gesicht
drückt Sonne auf den Rücken
lacht überlaut wickelt den
Park in grünen Taft zerreißt
ihn wieder stellenweise
pufft die Kinder spielt mit den
Röcken erschreckter Gouvernanten
drückt alle Regenhebel
macht los die Nordhunde von den Ketten und
läßt sie laufen nach Windlust

Ein toller Geselle
eine Art Eulenspiegel
auch gangsterhafte Gesten hat er
(jaja mein Lieber du
machst es uns nicht leicht
dich liebzuhaben)

und doch und doch
im großen und ganzen
ein prächtiger Kerl
dieser April

Am Strand

Meine Freundin am Strand
die vierjährige Mulattin
lacht das gelockte Lachen
ihrer Rasse

In ihren Augen badet das Meer
ihr Haar ist ein Schwarm Schwalben
die Hand eine bronzene Blüte

Sie schaufelt Sonne in den Blecheimer
schüttet sie in meine Hand
lacht ein Echo in den Sand

Ihr Schatten durchschneidet den Schatten
eines blonden Knaben
Eine Minute steht das Kreuz
in Glanz gehaun
dann zerbricht es
in zwei entgegengesetzte Bewegungen

Komm kleine Freundin
der Sand ist reif
wir wollen baun
ein Haus eine Stadt ein Land
füll deinen Eimer mit Sonne
lach um uns ein
weltweites Echo

Während ich Atem hole

Während ich Atem hole
hat die Luft sich verfärbt
Laub und Gras trocknen in anderer Tonart
am Himmel hängt eine Fahne aus Stroh

Während ich Atem hole erfriert
in meinen Nerven eine Gestalt
ich höre den Umriß eines
Engels verklingen

Es ist Zeit den
Traum zu bauen in Grau
er ist ruhlos geworden und hat
sich schon niedergelassen in meinem
Haar während ich Atem hole

Inzwischen ist die Sonne verglast und
hat Sprünge bekommen. Ich suche ihre
unversehrte Form im Hudson aber
in seinen ergrauten Augen sind
die Konturen verschwommen
Vom Norden kommt eine
hurtige Hand und treibt
die Tropfen in den
Atlantischen Ozean
während ich Atem hole

Ruf und Kristall

Von den Dünen her ruft es
Irgendein Inneres sucht
seine volle Gestalt

Eine entrissene Perle
aus verschollener Muschel
oder ein Lächeln auf Klippen
das ein Verliebter verlor?

Wer kann die Stimme enträtseln?
Wo hat das Rufende Raum
größere Formen zu wölben?

Komm – die Dünen sind heute
tönend und transparent:
eine Küste aus Ruf und Kristall

Sang und Ozon

Staub atmet
auf lebendem Holz

Die Sonne legt schlafen
ihr Licht in die
rote Wiege

Traumstimme
Schrei der erschreckten Mutter
das Kind fliegt
mit der Wiege ins Lied

Augen aus Gefahr
auf Wegen die harmlos schienen
das war der Irrtum
die Lunge hat falsche Luft geatmet
es heißt eine neue
Sprache finden aus
Sang und Ozon

Grüne Herzen
im Strauch
Staub atmet
auf lebendem Holz

Nausikaa

Schilf und Zikadensilber
Schnuppen die Blaubucht entlang

Der Wandrer erwacht
zersplitterte Sterne im Blick
Nausikaas Antlitz aus Tau
taucht auf
und spiegelt sich doppelt
in seinen Pupillen
Ihr Haar löst sich
von den Strähnen der Meteore
strömt nieder und schwemmt
die Jahrzehnte weg
Ihre Hand voll Muscheln und Mondschaum
läßt alles fallen

Sie sammelt das Meer
Gestirn und Gestade
und setzt sie zusammen
Sie sammelt den Fremden
Zelle um Zelle
und setzt ihn zusammen
Sie färbt die Erde
mit Nausikaa-Atem
hängt das Amulett
um Odysseus' Hals
und führt ihn zum Vater
im neugeschliffenen Weltall

Singen Sirenen

Singen Sirenen
Grüner Schatten Irland
Türme mit Vögeln beflaggt
Terrassen gebannt in den Süden
Kinder tragen Palmen zum Strand
bauen die momentane Riviera

Der Föhn vergißt nicht die
leuchtende Leiche Ophelias
bringt sie auf dem Rücken
ihre Lotusaugen begraben im Mond
singen Sirenen
sie kennen die wandernden Toten
die Sonnenklippen
die Mörser der Brandung

Ziffern häufen sich auf dem Blatt
zählen die Zeit
ein Wagen rollt durchs Weltgewebe
hält keinen Moment
kein Magnet keine Formel
bringt ihn zum Stehn
singen Sirenen

Gold gesiebt aus dem Sand
das Volk tanzt ums Kalb
ihre Schatten preisgegeben der
berückenden Landschaft
wie sie sich auflöst
unter den Sohlen
singen Sirenen

sie sammeln
die Trauer im Regen
in den Schluchten den Schlaf
Glückspuren in Korallen
sie sagen es geht
um Fugen der Flut
um Atem und Untergang
um den sirrenden Samen
Moment

Schatten

Mein schwarzer Riese
den Sonnenlanzen gewachsen
schlägt auf
ein Zelt

Da ziehen wir ein
da haben wir eine
kühle Küche

Ich braue den Rosentee
ich löffle ein Fenster
aus dem Licht
von meinem Riesen beschützt

Zerbrochener Spiegel

Das Viertel Haus vor dem Fenster
steht der Sonne im Weg

Führt kein Pfad durch den
Spiegel? in weiter
Pupille mein Karussell hat
Raum für alle

Steigen ein, die ich
nicht kenne: Kinder
Auf prächtigen Rappen und
Löwen durchreiten wir
Decke und Dach

Mühelos auf Luftschienen
ins Lerchenland. Unter
grünen Fahnen die
Lieder flügge

Im Flußspiegel unsre Schatten
rittlings in Wassersätteln auf
blauen Flößen aus Glas

Blindlings
aus heiterm Himmel vom
Blitz getroffen
wir stürzen ins Nichts

In meiner Hand der
Spiegel zerbrochen

Mein Blick blutet ins
Zimmer zurück

Abendstern

Staunend aus dem Schlaf gestiegen
Wimpern bereift von Traum und Legende
unverletzt von stärkeren Sternen
(den spätern Geschwistern)
lauter wie Licht im Kristall:
Abendstern – erster Versuch ein Licht zu sein
zwischen Tag und Nacht

Jetzt kommen sie
durchstechen das Dunkel
umfreunden dich

Stört dich der Mond
blutrund, berauscht von der eignen Pracht
dann silbern entblutet, fast weiß
von der steten Anstrengung des Steigens?

Auf der Wasserbrust ruht er
lächelt dir zu bis ein Stein ihn trifft
Explosion des Mondes im Wasser
sein Licht zerstiebt
auf zerrissenen Wellen

Erschrick nicht. Heil ist sein Licht
auch deines im Spiegel
wieder heil und hell
das Wasser schlummert
intakt ist die Nacht
still dein Gesicht aus
Staunen und Strahl

Die Insel

Als wir uns
auf der Insel trafen
waren Sonnen verwoben
zu einem Gobelin
in den der Atem des
Wassers geknüpft war

In der Staubzeit
rückten die Sonnen
auseinander
die Insel wurde ans Land geschwemmt
du lagst ein Goldfisch
im Glasbehälter

Auch diese Zeit schwand
Ich stricke den Strand
der Insel
ins Buch

Das Einmaleins

Die Gefangnen im Turm
halten den Wärter gefangen
und üben mit ihm
das Einmaleins der Stunden

Ins Wandgewebe
sind Labyrinthe gestickt
Irrgänge führen zum
Sesam-öffne-dich

Nachts holen die
Gefangnen verstohlen
die Welt in den Turm
verteilen sie gleichmäßig
untereinander
Am Morgen ist alles
spurlos weggeräumt
die Zellen sind wieder
finstre Rechtecke
ohne Vögel und Wasserfälle

Die Gefangnen begrüßen sich
verstohlen
mit Weltabglanz
und üben mit dem Wärter
das Einmaleins der Stunden

Tausendflügler Traum

Tausendflügler Traum
Verbotene Zonen
Wir: Bewohner von
vier Dimensionen

Bittrer Bruderzwist
Die Schwesterschlange
sirenensüß
seziert deine Wange

Der Eltern Grab im
verschollenen Staub
beschenkt ein beherzter
Jungstrauch mit Laub

Scharfes Mönchgesicht:
Savonarola oder
ein ähnlich harter
trockener Toter

Regenlitanei über
nackte Küsten
Uhren und Urnen
Verse und Wüsten

Umgestülpte Stadt:
Aus Kellern und Krügen
tropfen Sterne die
nicht versiegen

Mann mit Messer

Klopft die Taube ans Fenster
Neben mir
der Mann mit dem Messer
Ich lasse sie nicht herein
verstohlen
streu ich ihr Körner

Die Küche summt
in erregten Töpfen
Salz rieselt aus meinen Augen
auf die Zwiebel
die Samen des grünen Pfeffers
ertrinken im Tomatenblut

Der Muttergeist
lüftet die Deckel

Fliegt in ihr Schicksal
die Taube verfolgt
vom Mann mit dem Messer

Er bringt sie mir
blutig zurück

Offener Brief an Italien

Italien
mein Land der Terrassen und Trauben
von Sonne geliebt
deine Haut ist blau wie die Blume
die der Dichter sich einst
an die Stirn steckte

In deine Geschichte taste ich mich
von Marmor zu Marmor
aus brüchigen Schichten schäle ich Glanz
höre den Pulsschlag deiner Paläste
durch deine Portale betret ich die sieben Dante-Himmel

Vivaldi hat meinen Traum vertont
Bei Leonardo lernte ich fliegen
Ich frage Raffael nach der sanftesten Madonna
Michelangelo nach dem mächtigsten Mann

Mein Italien
ich schreibe dir aus Amerika
daß ich dir huldige
Ich huldige deinen Ruinen im Blau
deinen traumäugigen Bettlerkindern
deinen gesprächigen armen sanften singenden stolzen
Menschen
der unerschöpflich dich liebenden Sonne im Blau

Venedig

Goldner Schmutz
Mosaik aus Palazzi und Wellen

St. Markus-Platz:
Siamesisches Zwillingsviereck
im Taubenschaum badend

Alle Gondeln fassen nicht
den Körper deiner Unwirklichkeit
Alle Gondeln fassen nicht
deine Schwermut unter dem Süßsang

Leih mir den Glockenton deiner Gläser
Lehr mich das Latein deiner Zaubergassen
Schenk mir einen Strahl
vom Tintorettostern

Schläfe an Schläfe
mit dem medialen Mond
fliegen Kähne
ins Labyrinth
der Kanäle

Figur von Picasso

Gleichzeitig Profile
dem Großaug
in Bewegung
entgeht keine Richtung
roter Strich Blut
im Hautgehäuse
innen
mysteriös
unentrinnbares Leben

Auch wo die Figur
nur ein Satz ist
lapidar
immer zugegen
unausgesprochene Schichten
Wirklichkeit
Organe Adern Erde

Nicht Oktober nicht November

Herbst sagst du
und meinst den Wind er schärft
sein Messer an deiner Stirn
meinst rostige Blätter sie rollen
deinem Schritt voran
meinst Frostnadeln sie stechen
die Luft den Baum die Haut

Herbst herber Laut
brauner Geschmack
Die Freunde an der Front
werden bitter und braun
nicht von Sonne gebräunt

Die Erde rostet und rollt
mondab
in die Schlucht wo die
Geschichte Burgen baut
Schuldtürme Falltüren

Herbst sagst du
aber ich sage dir
nicht Oktober nicht November
du mußt einen neuen Kalender erfinden
ein andres Alphabet
eine Sprache die Einhalt gebietet
denn die Zeit fällt
fällt ins Unabsehbare
und wir fallen mit ihr

Kamillen

Kamillen
Die grünen Jahre
bevölkert von Faunen und Feen
wuchern unter der Schläfe
Nymphen treiben ihr
Waldwesen weiter
im Raum aus Maschinen

Goldner Tee
In der Nische raschelt der Seidenrock
Engel halten den Spiegel
Ein Kinderchor unter dem Fenster
im Orchester
der Frösche und Grillen

Weltraum
überfüllt mit
Körpern und Katastrophen
Labyrinth der Länder
von Drachen bewacht
Rosen unwissend daß
ein Schatten auf ihnen lastet
der Rumpf des Robots

Laß fallen die Maske
Seifenblasen sprühn
von deinen Lippen auf
Minze und Mohn
der Flaum des Löwenzahns
schwebt überm See
Undine im Kelch einer Wasserrose
flüstert mit verschleierter Stimme
wie die Mutter
Freitag vor der Kerze

Elektrische Vögel
in Metallbäumen
kreischen dich wach
vom Daumen rollt der Ahnenring
mit dem Wappen der Linde
du legst an den Stahlkittel
dein Haar im Drahtlaub
fängt Antennen auf
in deinen Nüstern verflüchtigt
Kamillengeruch

Sadagorer Chassid

Achtzigjähriger Greis
Sein Bart betete weiß
auf der Brust

Auf seinem Kaftan
erholten sich Engel
von der Anstrengung weltlicher Flüge
Die Sabbatkrone
das Stramel
war sein einziger Schmuck

Die Lider gesenkt
sein Blick von Schleiern umsponnen
wohnte im Bethaus

Montag und Donnerstag Fasten:
leicht sei der Leib
seine Speise: Preisen
Sichwiegen im Rhythmus der
Bibelgebete und anderer
heiliger Worte

Wenig Worte –
die Scheinwelt sei nicht besprochen,
nicht betastet mit fettem Interesse
Erscheinungen sind Schemen
dem Wesen (nicht ausgesprochen der Name!)
diene dein Geist

In der doppelgerollten Thora
liegen Licht und Lied
spricht die Geschichte des Volks
Sieh die Geliebte:
im goldgestickten Samtgewand und
krönenden Kopfschmuck
dürfen deine Lippen sie küssen
darfst du sie halten im Arm
und tanzen mit ihr tanzen
zur Ehre des Herrn

Tanzte der Sadagorer Chassid
mit den andern Chassidim

Jakobeni

Fichten wo der Tag
mit Widerhallatem
das Tal betrat

Schmal
ein kühler Spalt
zwischen Bergen

Nadelgeflüster
dunkles Gespräch
den Windruf hör ich dreimal
im ehernen Pyramidengrün

Wieder der Ruf
vermengt mit Kuckuck und
herben Stimmen der Dörfler

Gehn Schwefelgeister
noch um in der Luft
und im Wasser gelb
noch der bittere Rest
einer Made?

Bis an den Nagelmond

Bis an den Nagelmond
denk ich an dich
wenn die Nacht mich nimmt

Sie haben dich begraben
im Feuer

Ich halte den Gedanken
deiner Asche
im Blutgefäß
das rastlos zum Herzen führt
deinen Namen

Wie schön
Asche blühn kann
im Blut

Schallendes Schweigen

Manche haben sich gerettet

Aus der Nacht
krochen Hände
ziegelrot vom Blut
der Ermordeten

Es war ein schallendes Schauspiel
ein Bild aus Brand
Feuermusik
Dann schwieg der Tod
Er schwieg

Es war ein schallendes Schweigen
Zwischen den Zweigen
lächelten Sterne

Die Geretteten warten im Hafen
Gescheiterte Schiffe liegen
Sie gleichen Wiegen
ohne Mutter und Kind

Laub

Keine andre Botschaft als
Wiederholung?

Mimik im Geäder
der meinen Argwohn ahnt
ein Faun
erkenne ich sein Linienspiel?

Frag das Zigeunervolk
die Wolken
Frag nicht sie deuten nur
Zeichen aus Luft

Grünes Licht
mit Unterbrechungen
Ich ritze meinen Schatten
in die Rinde
bis Harzblut quillt

Das Schönste

Ich flüchte
in dein Zauberzelt
Liebe

im atmenden Wald
wo Grasspitzen
sich verneigen

weil
es nichts Schöneres gibt

Hinter Wänden

Hinter der Wand
atmet
der Märchenerzähler Traum

Er rühmt
das Leben
die wunderfarbene Liebe
das Blattgrün Wirklichkeit

In fünf Kontinenten
hinter Wänden
rühmt
der Märchenerzähler
Leben und Liebe

Im Atemhaus

Unsichtbare Brücken spannen
von dir zu Menschen und Dingen
von der Luft zu deinem Atem

Mit Blumen sprechen
wie mit Menschen
die du liebst

Im Atemhaus wohnen
eine Menschblumenzeit

Für Hans Bender

Hoffnung II

Wer hofft
ist jung

Wer könnte atmen
ohne Hoffnung
daß auch in Zukunft
Rosen sich öffnen

ein Liebeswort
die Angst überlebt

Wandlung

Wir kamen heim
ohne Rosen
sie blieben im Ausland

Unser Garten liegt
begraben im Friedhof

Es hat sich
vieles in vieles
verwandelt

Wir sind Dornen geworden
in fremden Augen

Weiß nicht

Warum bis jetzt gelebt
ich weiß nicht warum
noch weiter mein Atem
wann hört er auf und die
Springbrunnensprache
vor meinem Fenster
Pappeln sprühendes Grün
Hundegebell und Sonntagsglocken
Amselstimmen verworrener Lärm
und Bruderzwist Blut auf Blut
der Schmerz im Zahn
im hämmernden Hirn
ach die verleugnete Seele
warum wozu

Ich weiß nicht
laß mich
nichts weiß ich

Doppelspiel

Wir verwalten
die Erde

verwandeln sie
in Gärten   Worte   Scheiterhaufen

Dieses Doppelspiel
Blumenworte
Kriegsgestammel

Grundworte

Wortwind
im Menschenmeer

jedes Wort
eine Stimme

Sie sagt
das Meer und ich
wir lieben uns

Kommt
trinket Grundworte

Krone

Das Leben
spielt mich

Es hat mir
eine Krone geschenkt
ich kaufte dafür
ein Königreich
aus Worten

Sie regieren
meinen Atem

Schwierige Frage

Mit dem Tag
in die Nacht ziehn

zu Sternen fliegen
sie fragen
warum sie so klein sind
wir so groß
daß wir ihren Wagen
nicht besteigen können

nur uns drehen
um ihre Zuckungen
im Fenster

An einen Greis

Erzähl mir Alter den keiner mehr kennt
vor bald hundert Jahren als dich
die Erde zum ersten Mal traf
stand sie gelassen an deiner Wiege
und schaukelte die Hand deiner Mutter

Hänschen klein fielen nicht Lieder
schnell in dein Ohr rollten langsam
über deine Lippen und
langsame Wörter übten sich frei
in dir aber gesteh
später wurdest du Hans-im-Glück

Die Liebe hat sie dich nicht
getrieben von Traum zu Traum
die Liebste blieb kalt oder
verschlang dich und spie dich aus

Du schweigst und verschweigst
ich hör dich geduldig an
und will dir deine Geschichte
erzählen wenn du
mir zuhören kannst während
dein Bart durch den Tisch wächst

Liebe

Zwei Wolken
umarmen sich
bald werden sie
uns umarmen

Im Wald
wächst eine Wiege
Lockruf und Antwort

Die beiden Tauben
im Vorhof des Tempels
verlobt

Der Ring hat
einen Finger gefunden
der ihn nicht mehr entläßt

Unter dem Baldachin
der Schleier
hat die Gestalt einer Amsel
sie singt auf den
Lippen der Braut

Rosen legen
ihre Dolche schlafen

Segnen

Ich möchte euch segnen
aber ich verfluche
eure Kriege
Siege und Niederlagen

und das Wort »Feind«
für ein Land
wo Millionen Menschen leben
wie in eurem Land

Ich segne die wenigen Friedfertigen
oder sind es viele und nur
Wenige machen Kriege, Krüppel
machen mich zum Feind
der Kriege

Ich segne
jedes Land

Die Sekunden

Sie fallen leicht wie Luft
durch die Wimpern

Wir können uns nicht
verabschieden

Keine Lücke
zwischen den Stürzen

Wenn wir erzählen möchten
der letzte Traum
war so und so
oder
was aus Atlantis kommt
in Andeutungen

zwischen zwei Augenblicken
unsere Rede
nie zu Ende geführt

Du und ich

Ich sage
du und ich
sind unsre Welt

Sie ist ein Ich
wie ich und du

blüht wie wir
wird sterben wie wir

und Platz machen
andern Welten

Choreographie

Die Bühne schwebt
die Gestalt die sie hebt
trägt den Raum in den Muskeln

Schulterflügel atmen
Augen und Adern tanzen
die Violine der Hüfte
spielt Kapriolen
ihr Schatten der Partner
verdoppelt das Bild

Sie schickt ihren Schatten zum Meer
er bringt es mit dem Gestade
sie schickt ihn zum Berg
er kommt das Tal ihm zu Füßen
sie schickt ihn zum Mann
er wächst aus ihren Rippen
und küßt sie

Sie dreht ihren Schatten empor
in Spiralen
der letzte Ring ruht
ein Antlitz aus Stille
Arme aus Schlaf

Bahnfahrt

Schwarzer Pinsel
zieht einen Strich
durch die Landschaft

Der Raum hat keine Ruh
rollt
durch die rollende Zeit

Wo sind wir
keinen Augenblick hier

Reisender Himmel
über Hügel und Haus
Fenster und Flut

Halten wir?
Zu spät
den Anschluß versäumt
zum nächsten Hinaus

Kein Stillstand beruhigt
Weiter im Wunsch
ziehn wir
mit dem schwarzen Pinsel
einen Strich durch die Welt

Blatt

Handgrün mit hellen
Adern

Wind schreibt sein Profil
an die Luft

Es unterscheidet sich
von seinen Geschwistern
durch eine leichte Knickung
des Stengels

Ich entdecke
seinen hüpfenden Schattenriß
im Gras

Das Blatt fächelt mir
eine Botschaft zu
ich deute sie als ein Zeichen
unsrer Verbundenheit

Bestürzt sehe ich
einen braunen Fleck
auf seiner Herzlinie
aber die schönen Wölbungen
sind noch grün

grünes Blatt leb weiter
auf meinem weißen Blatt

Der Falter

Lichtfarbner Falter
Flügel verwirrt
am Rhythmus der Räder

Verirrter
in stahlblütiger Stadt
wohin taumelt
deine Genügsamkeit

Weißt du nicht
der Wald ist ausgewandert
und auch die Poesie
hat keinen Raum mehr
für ein Wesen so leicht
so unberührt von der Zeit

Von Pol zu Pol

Der Abend sterntätowiert
legt an das meerblaue Hemd
Am Horizont die Lampe
wendet sich ab
Frierende Vögel
legen ihr Licht ins Nest

Schatten
halten die Umrisse der Mauern
wie Falken
auf den Schultern
Es geht auf die Jagd
der flüchtenden Stunde

Der Herzpendel schwingt
von Pol zu Pol
wach gehalten
vom Traum

Die Lawine

Eine Lawine
Zeit
stürzt lautlos
vom Gipfel

zermalmt
Taggeröll
Käfer
einen Menschen in seiner Maschine

Der Sturzbach bohrt
seine Hast
ins Felsfleisch

Aus dem Münzwerk der Sonne
rollen Dukaten
die Lawine
begräbt sie

Der Dornbusch

Mit dem Dornbusch
warten

Götter blühn auf
verwelken
wie Kirschbäume
im Spiel der Jahreszeiten

Der Dornbusch
wartet
auf die Flamme
die nicht verbrennt

Der Schlüssel

Mein Zimmer
hat viele Türen

Jede führt in ein
anderes Zimmer
mit vielen Türen

Wortlos gehe ich
von Tür zu Tür
von Zimmer zu Zimmer

ich höre mein Schweigen

höre fremde Stimmen
ein Echo von Worten
hinter einer Tür
die verschlossen ist

Wo ist der Schlüssel
das Schlüsselwort

Respekt

Ich habe keinen Respekt
vor dem Wort Gott

Habe großen Respekt
vor dem Wort
das mich erschuf
damit ich Gott helfe
die Welt zu erschaffen

Salzsäule

Aufrecht in mir
die Salzsäule

Ich bin's
die sich umwendet
wieder und wieder

Wahrheit
im Rosengomorrha
das Dornengedicht

Ich kenne die Stelle
verwundbares Wort
dem der Anblick
verwehrt ist

Kein Übertritt
Eurydike
hier treffen wir uns
am Scheideweg
der Schatten

Geduld

Vieltausend Jahre Geduld

Wir wohnen im Unterstand
der Ausgang verwachsen

Einmal im Jahr öffnet
die Luke das Auge
einen Augenblick
und erblickt
den prophetischen Glanz im Osten

Vieltausend Jahre Nacht
Das Szepter der Königin
ist eine Bombe

Hinter den Bergen
bei Millionen Zwergen
wartet Schneewittchen
auf Don Quichotte
wartet der Rabbi
auf das unaussprechliche Wort
um segnen zu können

Vieltausend Jahre Geduld

Gericht

Durch eine Hintertür
schlich ich
ins Paradies

Ein Pfeil holte mich ein
als ich den Apfel stahl
er drang in eine Rose
meine Schwester
brach ihr Genick

Männer trugen die Bahre
in die spiegelbedeckte Kammer
der Rabbi schnitt mein Kleid ein
sagte Kaddisch und
streute mir Asche ins Haar

Ich füllte sieben Tage
mit Gram
die Kerze auf meiner Wange brannte
ich trank den letzten Tropfen Talg

»Du sollst nicht schlafen!«
rief mit Feuerzunge
der Engel im Docht

Odysseus

An Salzwellen anlegen
mein Schicksal ohne Blumen

Gebt mir einen Acker im Meer
ich will ihn pflügen
mit meinem Schiff

Reisen um nicht da zu sein
wo ich bin
um NIEMAND zu sein
ein Schatten im Schattenreich
Unter dem Wasser
webt meine Mutter das Leichentuch
die schwarze Windel

Ich liebe Penelope
nicht
Circe
nicht
Nausikaa
nicht
ich wurde geliebt
Bogen Hand
mein verhaßtes Heldentum

Ich werbe um die unheimliche
Seele des Wassers
sie salbt mich mit Salz

Kalypso
das Gift deiner Wahrheit

Else Lasker-Schüler II

Im Morgenland
als Prinz Jusuf geboren
aufgewachsen auf dem Mond

Mit melodischer Stimme
tausendundein Märchen erzählt
bunt wie ihre Träume

Verschwistert mit andern
Märchenerzählern
ihre Freude ihren Kummer
geteilt

Fäden aus Liebe geknüpft
ein wundertätiger Teppich

Den Sohn verloren
ihr Herz fiel ins Feuer

Engel begleiten
ihre Worte

Nach vielen Toden
begraben auf dem hellsten Stern
in Jerusalem

Auferstanden
im Herzen der Zeit

Gib mir

Gib mir
den Blick
auf das Bild
unsrer Zeit

Gib mir
Worte
es nachzubilden

Worte
stark
wie der Atem
der Erde

Gläubiges Märchen

Tischleindeckdich
für jedes Du?

Gläubiges Märchen

Wer kocht
euren Hunger

Wer
steinigt den Himmel
damit kein
Manna falle

Die Götter II

Die Götter
ja wußten sie
was uns not tut

Sie schenkten uns
was sie erfanden
Feuer Wasser Luft
die arglose Erde

Es war zuviel

Wir stecken die Erde in Brand
Rauch verpestet die Luft
Luftwolken fallen ins Wasser
es tränkt uns
mit Gift

Die Götter zogen sich zurück
in den unnahbarsten Himmel

Vergeblich

Don Quichotte
mein Partner
wird euch erzählen
was wir erlitten haben
im Kampf mit den Mühlen
die mahlen Sand

Das Mehl liegt
in verschlossenen Kammern

Vögel singen
tirili tirili

Kinderangst

Elternschlaf
schwindeltief

Schwarz
die Seele der Nacht
Sterne haben Stacheln

Im Wald verirrt
kein Licht trennt
Baum von Baum
der Werwolf trabt
durch den Traum die Augen
rot im Mond

Ach sie wissen nicht
die Folter der Fenster
den Schrecken der Tür

Kuckucksuhr ruft
einmal zweimal dreimal

Der Puls fliegt
ins Schwarz
schwer die Schwinge
im Hals

Die Zeit

Wird kommen die Zeit
ist da
vergeht und bleibt

spielt mit dir Blindekuh
versteckt sich nachts
ein Silbervogel
in deinem Traum

Sterne fallen
der Mond
kommt und geht
mit der Zeit
die vergeht und
bleibt

Generationen

Wir erkennen uns nicht
zu weit zwischen uns
die Jahre

Feuer
brannte ein Loch
in die Zeit

Die Sterne
zu weit zwischen uns

Der Fixstern
kennt nur
sich selber

Ich denke

Ich denke
an die Eltern die mich verwöhnten
an Spielzeug und Kindergespielen

an Lust und Qual meiner
ersten Liebe

an Venedig Luzern die
Riviera und Israel

an Hölderlin Trakl
Kafka und Celan

an das Getto an Todestransporte
Hunger und Angst

an den Unfall
das ewige Bett an Freunde die
mich verließen und Menschen
die mir beistehn

Ich denke an die Ohnmacht meines Körpers
die Macht des Denkens
an Zauberworte und
Lebenszauber

Der winkende Tod
denkt an mich

Handwerk

Gedichteschreiben
ein Handwerk

Die Hand das Werk
des Schöpfers

Er schreibt
deine Finger

freut sich
an ihrem Zusammenspiel

spielt dir seine Freude
in die Hand

Ikarus

Der Himmel fällt
du mußt fliegen
ihn halten

Das hohe Lied der Luft
hält nicht
was du dir versprochen
das Leichte nicht dein Los

Jenseits die Parzen
emsig ohne Schlaf
blind und eingeweiht

Gespinst aus Regenfäden
Flügel oder Leichenhemd?

Mit wem sag hadern
Rippen und Genick

Einverstanden

Ich bin
mit allem einverstanden
sagt eine Minute

die nächste sagt
NEIN

die nächste
JA

Ach diese zanksüchtige
Zeit

Harmonie der Mechanik

Neonwunder
auf die Netzhaut gebannt

Weltteile fliegend
ans Gesicht gestrichen

Touristengewiegt
reist der Agent
von Nerv zu Nerv

Der schwarz-weiße Zauberer
besticht dein Hirn
täglich

Die Television erspart dir
alle Denkmühe

Harmonie der Mechanik
Wunschlosigkeit
im Schlaraffenland

Königstein/Taunus

Im Silberdunst
am Horizont
das Kafkaschloß
verschlossen

Die Fichte vor dem Fenster
weint Februar

Ich frage ihn
ob es keinen andern
Ausweg gäbe
Schnee zum Beispiel
etwas Leuchtendes

Die Fichte schüttelt
meine Fragen ab

Grüne Nadeln
streu ich auf mein Blatt
schreibe auf Schnee

Prag

Immer träumte ich nach Prag
immer kam etwas dazwischen
Zeitnot Krankheit Krieg

Kafka stand
vor dem Hradschin
verirrter Himmelsbote

Ich schwöre
beim heiligen Franz
ich kann die Mauern
nicht durchbrechen
die Zauberkünste schlafen

Dort träumen Dichter
ihre Wunder
Gut mit ihnen
Kirschen essen

Trauert Prag
um meinen Traum?
Mein Traum
trauert um Prag

Die Kugel

Grüne Kugel
noch einen Tag eine Nacht
noch noch
roll uns
wie das Gras will
wie du willst

Wir
entzweit
mit dir
mit uns selber

Roll uns zusammen

ferner dem Himmel
näher
wie er will

Mittwärts roll uns
Erde
willst du
noch einen Tag ein Jahr
ein Licht-Jahr
noch noch

Chagall

Auf dem Dach der Nacht
umarmt er
die Violine

Häuser rittlings
schlafwandelsicher
schwebt er
über Giebeln

Blau
schaut dich an
die Kuh

Blumen
zartestes Glück

Wolkenbalkone
im Flug liebt
der Bräutigam
die Braut

Idylle

In der Hütte
am entlegenen Ort
sind die Wände bemoost
die Namen verwischt

Im Hinterhof
kratzt der glückliche Hund
seine steile Unterschrift
in die Erde
und dreht sich dreht sich
atemlos
um den Atem
der Halme

Avignon

Schönes
beschädigtes
Gemälde

Zwei breite Ebenen
altes
neues
Avignon

Auf Papsttapeten
singen
blaue Schwärme
lautloser Vögel

Im kleinen Kloster
schläft
die Zeit

Stilleben

Still
leben Früchte
im Teller

Schatten schweigen

Auf dem Messer
ruht Glanz

Der Tisch schläft
unhörbar
atmet die Luft

Langweile

Langweile
was ist das

Du siehst
Menschen
Bäume Himmel
hörst Worte Lieder
du bewunderst
ein Bild ein Gedicht
erkennst
daß alles sich bewegt
und du bewegt wirst
ein Fünkchen Leben
aus der Lebensflamme

Wie
kann es
langweilig sein

Mein Haus

Sagt Sonne
schlaf dich wach
mein Kind
ich leuchte dir
heim

Der Regen sagt
ich weine um
die verbrannten Kinder
mein Kind
weine mit mir

Staub
mit erstickter Stimme
mein Haus
ist dein Haus

Der Brunnen

Im verbrannten Hof
steht noch der Brunnen
voll Tränen

Wer weinte sie

Wer trinkt
seinen Durst leer

Mit dem Gefährten

Mit meinem Gefährten
Leben
geh ich durch
die winzige Ewigkeit
Tag
im Traum der Wirklichkeit

begleitet
von der bestechlichen Hexe
Verwandlung

Spiegelbild

Nimm
deinen Körper
zur Kenntnis

Du blickst
dich an
und fragst
wer bin ich

Du bist nicht
du wirst
älter
alt

Mit verstümmelter Stimme

Die Feuerprobe
bestanden

Mit versengten Lippen
verstümmelter Stimme
sprich Dichter
ein Zwischenkriegswort

vom erschrockenen Leben
vom unerschrockenen
gefangenen Frieden

Machtlos
die dir lauschen
und zustimmen

Dennoch sprich
vielleicht redest du ein
dem Weltgehör
dein Zwischenkriegswort
beruhigst das zuckende Erdherz

Vielleicht öffnet ein Engel
den dein Wort beschwört
den Kerker

freizugeben
den langgefangenen
tapfren
Frieden

Einsamkeit

Wahrgeworden
die Weissagung der Zigeunerin

Dein Land wird
dich verlassen
du wirst verlieren
Menschen und Schlaf

wirst reden
mit geschlossenen Lippen
zu fremden Lippen

Lieben wird dich
die Einsamkeit
wird dich umarmen

Entfremdung

Wir treffen uns
hinter der Heimat
im Haus mit
gebrochenem Flügel

schenken uns Fremde
einer des andern
Findling

Staub auf den Lippen
wortein wortaus

wir tragen Meilensteine
wohin

Dein Atem weht
in andre Richtung
ich falle
aus deinen Pupillen
ins Dickicht
Ich erkenne dich nicht

Du merkst nicht

Du spürst nicht
daß der Schnee der Jahre
in dein Haar fällt
und merkst nicht
wie die Sonne
deinen Weg verbrennt

Im Licht
schwimmst du hinaus ins Meer
verstehst dich mit Delphinen
und merkst nicht
daß das Wasser finster wird

Kommst zurück zur Erde
die du liebst
und merkst nicht daß sie
weggewandert ist
und du an ihrem Rand stehst

Du steigst hinauf
zum schneebestirnten Gipfel
bewunderst das Panorama
unten das grüne Tal
und merkst nicht
daß ein Grab geschaufelt wird

Schatten im Spiegel

Schaut mich an
mit vielen Augen
der Spiegel

Ich geh von
Gesicht zu Gesicht
sie kennen mich nicht

Ich frage jedes
wer du bist

Sie sagen
lösch unsern Schatten

Ich schöpfe den Spiegel leer
bis kein Bild bleibt
aber die Schatten sind da

schaun mich an
mit vielen Augen

Nicht vergessen

Heute
hat ein Gedicht
mich wieder erschaffen

Ich freute mich
am Leben
bewunderte die Landschaft
vor meinem Fenster

Ich vergaß
das Gedicht zu schreiben
vergaß es

Es hat mich
nicht vergessen
kam zurück zu mir
und schrieb sich
in meine Worte

Schichten des Schlafs

Schaumschiffe
Schneemöven
Ufer aus gestrandeten Sternen

Schichten des Schlafs
Ein Pfeil schwirrt
von Plan zu Plan
bis er den Herzpol erreicht

Es ist spät
die Schneemöve schmilzt
in der erwachenden Hand

Verzaubert

Leben will ich
halten das Leben
in einer Hand
in der andern
die schnell welkende Blume

Ich bin verzaubert
in eine Lumpenprinzessin
und heiße Rumpelstilzchen
das darf niemand erfahren

Halt es geheim
Bruder
sonst ist es um mich geschehen
und ich will leben
leben mit dir

Ein Märchen

Ein Mensch wandert
von Land zu Land
von Stadt zu Stadt

Er sucht einen Ort
ohne Streit ohne Haß

Ruhelos
wandert er
durch die Welt
und sucht

ein Märchen

Spannung

Meine Haut
tätowiert
mit verworrenen Zeichen

Nachts
liege ich in einer Urne
da wohnt
die verbrannte Welt

Am Morgen öffne ich
die Augen der Sonne

Sie steht auf
und spannt mich
vor die Räder
der Uhr

Immer die Mutter

Mein Stern hängt
an ihrer Nabelschnur

Ich trinke ihre Milch
bald
werde ich geboren

Hinter meinem Tod
wächst sie mir zu

Treffen

Papierbogen
Schneefläche gespannt
auf der meine Finger
Pfeilen gleich fliegen
zu ihrem Bestimmungsort
Bestimmungswort

Wortreise
minutenweit
und weiter
bis zum Punkt
wo ich mich treffe
mit deinem Wort

Regenbogen II

Die Sintflut
aufgeschoben

An der Regengrenze
die Wölbung
an der alle Farben
teilhaben

An denen wir
Freigesprochene
teilhaben

Über die flüchtige
Friedensbrücke
gehn unsere Augen
zeitverbunden

Mensch an Mensch an Mensch

Mühlen aus Wind

Das tägliche Brot
kommt uns teuer zu stehen

Mühlen aus Wind
mahlen Sandmehl

Am Rand einer Rinde
ernährt sich
die Not

Gib was du nicht hast
Liebe dem Nachbarn

Was suchst du
im flüchtenden Wasser
Narziß

So lebt

So lebst du
mit Radio Fernsehn und Krieg
ißt schuldloses Fleisch
leidest mit Gefolterten
und weinst allein
in der Nacht

Die Sonne geht auf
und zeigt wie die Zeit
in dir lebt

Verzweifelt schlägst du den Kopf
an die Wand aus Sprengstoff
sammelst Funken und Zorn

Die Nacht öffnet den Mond
rot und rund
ein Glorienschein
über den
Schein der Erde

Spielen

Laßt uns spielen
ehe der Lebenstraum einschläft

Laßt uns
einen Schneemann kneten
der uns verlacht

die hochnasigen Erwachsenen
an der Nase führen

zum Mondmann fliegen
mit ihm unser Spiel treiben

Laßt uns ein Weilchen den Glauben umarmen
alles sei
wie es sein soll

im Atemspiel
mit dem Tod

Die Sterne

An welchem Tisch
nehmen die Sterne
ihr Abendmahl ein

Sie reichen sich
ihre Strahlenhände
sausend im Raum der
sie nicht fallen läßt

Sie kennen nicht
ihre eigenen Namen
fragen nicht
woher ihr Licht
warum und wozu

Sie nehmen teil
an der Zeit
die ein Märchen ist
aus Bewegung

Tränen

Sie löschen das Feuer
das in dir brennt

Auf Befehl
der bestürzten Sekunde
rollen sie aus deinen Augen
den Wangenweg herab

Keiner kann sie aufhalten

Sie fragen dich nicht
um Erlaubnis

Verläßliche Salztropfen
deines inneren Meers

Gemeinsam

Vergesset nicht
Freunde
wir reisen gemeinsam

besteigen Berge
pflücken Himbeeren
lassen uns tragen
von den vier Winden

Vergesset nicht
es ist unsre
gemeinsame Welt
die ungeteilte
ach die geteilte

die uns aufblühen läßt
die uns vernichtet
diese zerrissene
ungeteilte Erde
auf der wir
gemeinsam reisen

Ungestalt

Alle Gestalten
kommen
aus der Ungestalt

Ihre Wurzeln
sind aus Luft

In ihr verwurzelt
atmen
alle Gestalten
luftigen
Zusammenhang

Luftschlösser

Die Schwalben
sind ausgewandert
aus dem Kinderland

Ausgewandert
das Kinderland

Die Kinder
alt geworden

Ich
im Niemandsland
baue Luftschlösser
aus Papier

Verlust

Meinen Namen verloren
im Dunkel

Der Tag
ist tot
Ich sammle
die Tränen der Ahnen
schreibe sie
auf die Klagemauer

Den Namen such ich
der mir nicht gehört
dem ich gehöre

Ich suche
den auferstandenen Tag
den verlornen Tempel

Teilhaben

Mit neuen Gedanken
alt werden

Jung bleiben
an uralten Gedanken

Teilhaben
am unsterblichen Leben
unsterblichen Sterben

Gestern

Gestern nahm ich
Abschied von mir
warf meinen Paß ins Meer

Im Amarellenwald
bin ich gut aufgehoben
die alte Amme erkannte
meinen Schatten
in ihrer Hütte schlafe ich
mit erwachten Sternen

Jakob ringt mit Engeln
ich stehe ihm bei
mit meiner Freude
ich steh bei der Leiter
im Milchlicht
auf dem Grab meiner Amme

Spurlose Hand

Mitreisend
der Mond

Sterne und Salz
würzen
die Nacht

Fahrt
von Phosphorfischen
gefärbt

Schaukel aus Schaum
Schwung vom Milchweg
zum Meer

Eine spurlose Hand
melkt den Himmel
ins Schiff

Verwandlungen

Als Fontäne im Garten
tanze ich auf und ab

Führe Gespräche als Amsel
mit andern Vögeln

Der Atem des Sommers
hält mich in Atem

Ich Wolke
falle als Regen
auf trockene Scholle

Schlage als Blitz in dic Pappel
verbrenne

Auferstanden
ein Mensch
aus Leib und Gedächtnis

Die Botschaft

Die Botschaft
morgen
übermorgen
überüber

unterwegs
in Gefahr
Fallen von Rosen gestellt
magnetische Gipfel

oder
sie war eine Raupe
und kommt
als Schmetterling an

Werben

Die großen Worte
sind verlorengegangen

Es heißt
mit winzigen Wörtern
werben
um Frieden und Liebe

im Namen der Religionen
im Namen der Ermordeten
im Namen der Lebenden
die leben wollen
im Gold und Grün
unsrer Erde

Zirkel

Der Zirkel
zieht einen Kreis
um einen Punkt

Nicht jeder Zirkel
nimmt jeden auf
in seinen Kreis

Kreislauf
um einen Punkt
um einen Schwerpunkt

Nicht jeder Zirkel
zieht einen Kreis
um einen Schwerpunkt

Zeit

Ich lebe wieder
die verlorene Zeit
jenen Morgen auf dem Raréu mit Freunden
das Blumenhaus in Stulpikani
in Rom die Sixtinische Kapelle
Mutterworte Muttertod

Ich lebe
mein verlassenes Hier
ohne Bedauern
denn ich liebe
die Bäume vor dem Fenster
Vogelworte im Laub
den Immerhimmel
Menschen

Ich lebe die Zukunft
die sich versteckt
hinter den Sternen
träume manche
ihrer Verstrickungen

Ich trinke Heilwasser
trinke
auf das Wohl
der Zeit und der
Zeitgenossen

Zusammenfließende Welt

Aus dem Sommerherzen
Melonenblut

Blaue Kugeln
mit Muskatellergeschmack
aus Rumänien

Ein Land reist ins andere

Unser Mund trinkt
die zusammenfließende Welt

Musik

Aus welchem Instrument
tönt ihr Takt
an unser Ohr

Musik sind wir
ihre Stimme
schwingt
in uns

Hör die Erde tönen
im Atemwort

Sag nicht

Was Schreiben heißt
sag nicht
du weißt es

Das Wasser vielleicht
treibendes getriebenes
oder jagende Wolken

Ein Spiel mag sein
Zeitzipfel
aus Rosen Silben Schnee

Im Flug

Im Flug
das Weite suchen

wo alle Wörter
verlorengehn

Worte finden
die dich lieben

Nicht ich

Wer mich kennt
weiß
daß ich nicht
Ich bin

nur eine
verschwiegene Stimme

Mein Wort
du solltest es
besser wissen

Sekunde

Wie lang
kann man warten

Eine Sekunde
Ewigkeit

die nächste
ist Zeit

Wieder

Mach wieder
Wasser aus mir

Strömen will ich
im Strom

ins Meer
münden

Einverständnis

Mit Tausendworten
sagst du dich
Sprachbruder

Wir verstehen uns
zuweilen
im Einwort

dein und mein Einhorn
gedankengrün

Losungswort

Das Losungswort
kennt dich nicht

Wenn du
es nicht kennst

verlierst du
was du suchst

Zwischenzeichen

Mit meinem Erdwort
Fremdwort
mit dem vergeblichen
Wiederwort

mit den Atomen
die mich zusammensetzen
mit deinen Atomen
sich auseinandersetzen

mit Augenblicksworten
nicht wörtlichen

Zwischenzeichen

Möwen

Schwingen
halb Schwerkraft
halb Schwung

Weißflaumgekleidete
entsagen der Erde
im Vertrauen
daß Wasser wirklicher sei

Nichts hat Bestand
nur der Flug

Verbundenheit II

Leg meinen Traum
zu deinem
sie liegen gern
unter einer Decke

Herz in Herz
ein Augenblick ein Jahrhundert

Die Botschaft
erreicht uns
wir müssen uns anvertrauen
dem stärkeren Willen

In unsern Pupillen
steht jener Stern
der uns verbindet

ein Wort aus Glanz
eine geschliffene Träne

Noch bist du da

Wirf deine Angst
in die Luft

Bald
ist deine Zeit um
bald
wächst der Himmel
unter dem Gras
fallen deine Träume
ins Nirgends

Noch
duftet die Nelke
singt die Drossel
noch darfst du lieben
Worte verschenken
noch bist du da

Sei was du bist
Gib was du hast

Jürgen Serke

ROSE AUSLÄNDER

Ein Porträt

Eine Frau im Alter von 72 Jahren, geboren in Czernowitz. Der Traum von den »goldbraunen« Augen der Mutter, vom Vater, der »den hebräischen Wald in den Händen hielt«. Kindheit und Jugend zwischen »Kukuruzfeldern und schaukelnden Synagogen«. Märchen und Mythen lagen in der Luft, die Ukrainer, Deutsche, Juden, Rumänen, Ungarn und Polen atmeten. Der Blick zurück auf die Hauptstadt der Bukowina, »immer zurück zum Pruth«, aus einem sechzehn Quadratmeter großen Zimmer des Nelly-Sachs-Hauses, einem Altersheim in Düsseldorf. Eine Frau im Alter von 72 Jahren. Dort wohnt sie, gezeichnet von der Vergangenheit, die Krieg, Getto, Verfolgung, Todesangst und schließlich Heimatlosigkeit hieß, gefesselt an ihr Bett, krank, dem Tode trotzend mit Gedichten.
Rose Ausländer – verblieben in der Gnade des Sprechenkönnens. Die nutzt sie von »Moment« zu »Moment«:

Ich habe nichts als
die Nacht aus
100 x 100 Nebellichtjahren

Ich habe nichts als
die Stunde aus
60 x 60 Sekunden

Ich habe nichts als den Moment

Der Moment ist meine Schöpfung
die Brücke von meinem
Staubgeist zum Sterngeist

Der Moment ist mein Flügel
zum Flügel des nächsten Moments

Ich habe nichts als den Flügel
Ich habe nichts als die Schöpfung
Ich habe nichts als den Moment

Rose Ausländer. Ein Name, zwei Worte, zwei Bedeutungen, die wie ein Riß durch ihr Leben gehen

Wir kamen heim
ohne Rosen
sie blieben im Ausland

Unser Garten liegt
begraben im Friedhof

Es hat sich
vieles in vieles
verwandelt

Wir sind Dornen geworden
in fremden Augen

Rose Ausländer, in Czernowitz geboren, Jüdin, in der deutschen Sprache, doch nicht in Deutschland aufgewachsen, Heimat als doppelte Fremde. »Die Fremdlingin unter den Menschen«, so hat Hölderlin die Nacht genannt.
Rose Ausländer schreibt nachts: »Das Licht um einen Schatten heller machen.« Rose Ausländer findet in ihrem kleinen Düsseldorfer Zimmer keinen Schlaf. Sie leidet unter einer Wachheit, die ihre Sprache in die Hellsicht treibt.
Der Körper vollgeschwemmt mit Tabletten, der Körper, der sich ihr versagen möchte. Leber, Nieren, Magen, Darm sind angegriffen von den schrecklichen Kriegserlebnissen – nur 5000 von 60000 Juden überlebten die deutsche Besatzung in Czernowitz, überlebten die »Endlösung« der Nazis – und geben den Angriff immer

stärker zurück, durchkreuzen ihre literarische Vision. Rose Ausländer hält sich liegend aufrecht mit 30 Tabletten am Tag. Ihre Vision: die Sprache, die deutsche Sprache.

Wir verstehen uns aufs Wort
wir lieben einander.

Den Krieg überlebt zu haben und doch noch zu leben. Wer hat sie über die Verfolgung hinweggetragen? Was immer es sei, es wird sie weitertragen
Daran glaubt sie. Gezeichnete und Ausgezeichnete zugleich. Hoffnung lebt um so intensiver, je weniger die reale Lage sie rechtfertigt. Sie erwächst aus Angst und Mangel, während Selbstzufriedenheit sie dahinkümmern läßt. Die Verankerung in Kindheit und Jugend ist Rose Ausländers Versuch zur Rettung des Vertrauens in den Sinn des späteren Ausgesetztseins. Asche , Urne, Schatten, Rauch und Atem sind immer wiederkehrende Schlüsselwörter in ihren Gedichten. Die Erinnerung reicht weit in die Zukunft hinaus. Die Welt ist nicht besser geworden. Und dennoch schreibt Rose Ausländer:

Ich bekenne mich

zur Erde und ihren
gefährlichen Geheimnissen

Zu Regen und Schnee
Baum und Berg

zur mütterlichen mörderischen
Sonne zum Wasser und
seiner Flucht

zu Milch und Brot

zur Poesie
die das Märchen vom Menschen
spinnt

zum Menschen

bekenne ich mich
mit allen Worten
die mich erschaffen

Sie kam am 11. Mai 1907 als Rosalie Scherzer zur Welt. Die Stadt hatte 160000 Einwohner und gehörte bis 1918 zur Habsburger Monarchie. 1918, nach dem Ersten Weltkrieg, wurde die Bukowina Rumänien zugesprochen, bis 1924 war die Landessprache Rumänisch und Deutsch, danach nur Rumänisch. Dennoch wurde Deutsch weitergesprochen. Es war die Muttersprache des größten Teils der Bevölkerung in Czernowitz. Ein Drittel dieser Bevölkerung war jüdisch.

»Czernowitz war eine Stadt von Schwärmern und Anhängern«, schreibt Rose Ausländer. »Es ging ihnen, mit Schopenhauers Worten, ›um das Interesse des Denkens, nicht um das Denken des Interesses‹. Die orthodoxen Juden waren Anhänger, ›Chassidim‹ des einen oder anderen ›heiligen‹ Rabbi. Die Dinge der praktischen Lebensfürsorge waren ihnen unwichtig. Viele von ihnen hatten keinen Beruf, sie wurden von ihren Frauen erhalten, die stolz darauf waren, einen ›Gelehrten‹ zum Mann zu haben, sie ›lernten‹ ein Leben lang aus den ›heiligen Büchern‹ und lauschten beseligt den weisen Worten ihres Rabbi. Die assimilierten Juden und die gebildeten Deutschen, Ukrainer, Rumänen waren ebenfalls Anhänger: von Philosophen, politischen Denkern, Dichtern, Künstlern, Komponisten und Mystikern. Karl Kraus hatte in Czernowitz eine große Gemeinde von Bewunderern; man begegnete ihnen, die ›Fackel‹ in der Hand, in den Straßen, Parks, Wäldern und an den Ufern des Pruth ... Hier gab es: Schopenhauerianer, Nietzscheanbeter, Spinozisten, Kantianer, Marxisten, Freudianer. Man schwärmte für Hölderlin, Rilke, Stefan George, Trakl, Else Lasker-Schüler, Thomas Mann, Hesse, Gottfried Benn, Bertolt Brecht ... Jeder Jünger war von der Mission seines Meisters durchdrungen. Man huldigte selbstlos und mit vehementer Begeisterung ...

In dieser Atmosphäre wuchs Rosalie Scherzer auf. Es war eine Zeit, »als die Erde noch rund war (nicht eckig wie jetzt)«. Ihr älterer Bruder starb bereits im Alter von anderthalb Jahren. Ihr jüngerer Bruder lebt heute in New York. »Wir sind als Kinder nie geschlagen worden«, sagt sie. »Wir sind immer mit Liebe behandelt worden.« Die Mutter, eine einfache Frau, die nur die Volksschule besucht hatte, sich weiterbildete und in der sich selbst eröffneten Welt der deutschen Dichtung lebte. »Sie hat nie ein schlechtes Wort über irgendeinen Menschen gesagt«, erinnert sich Rose Ausländer. Die Mutter überlebte den Krieg mit der Tochter und den zwei Söhnen in einem Kellerverlies. Sie starb 1947 in Rumänien, fern von der Tochter, die in die Vereinigten Staaten ausgewandert war.

Der Vater war Geschäftsführer eines Unternehmens. Geboren in Sadagora, wo ein »Wunderrabbi« residierte, war er früh Waise geworden. Der Großvater erzog ihn in der religiösen Tradition, bis er mit siebzehn Jahren nach Czernowitz ging, das vertraute Hebräisch mit der deutschen Sprache eintauschend. Er wurde ein Freidenker, doch der Sabbath blieb geheiligt und die jüdischen Feiertage wurden begangen. Die Erinnerung daran: alttestamentarische Themen, babylonisches Legendengut, Fragen der jüdischen Mystik – das alles färbt die Lyrik der Rose Ausländer. »Metamorphosen durchwandert/das Lied verlernt«, dichtet sie auch. »Ich kann nicht beten...« Und:

Aus der Wiege
fiel mein Augenaufschlag
in den Pruth

Ich zähle
meine Besitztümer
7 Romhügel
50 abstrakte Sterne aus Amerika
ein zerschnittenes Jerusalem
mein Grab in der Bukowina

Gestern Eisrosen
im Gettofenster
heute sind mir
die Dornen gut

Meine Zukunft
vermach ich
den Zigeunern
den goldäugigen
verachteten Wanderern
die aus der Zukunft leben
aus der Hand in den Mund
aus dem Mund
in die Zukunft

Rosalie Scherzers Vater starb vor dem Kriege 68jährig an einer Lungenentzündung:

Deine letzte Stunde
wird
die erste absolute sein

Verlaß dich auf das
nackte Nein
das sie bejaht

In ihren Gedichten immer wieder die Erinnerung an die Eltern. »Aus dem Ärmel der toten Mutter« holt sie »die Harfe«, und sie schreibt, die »Ohrlocken« des Vaters »läuteten Legenden«. Im Alter von fünf Jahren kam Rosalie Scherzer unter die Räder eines Kohlenwagens. Als die Mutter draußen vor der Tür rief »Schau, der Vater kommt heim«, war sie, ohne nach rechts oder links zu schauen, losgelaufen. »Warum schreit die Mutter nur so«, dachte Rosalie bei sich, ehe sie das Bewußtsein verlor. Man trug sie in die Wohnung, legte sie auf das Ledersofa, sie kam wieder zu sich, sah die Augen vieler Leute auf sich gerichtet, dachte, was soll das? »Die Mama rief eine alte Tante«, erzählt Rose Ausländer heute. »Die

Tante zauberte. Sie kam mit Wachs, tauchte es in heißes Wasser. ›Alles in Ordnung‹, sagte jemand auf Rumänisch. Dann kam der Arzt und sagte dasselbe.«
Rosalie Scherzer besuchte die Volksschule, das Lyzeum und schließlich die Universität, wo sie Literatur und Philosophie studierte. Sie verliebte sich in den Studienkollegen Ignaz Ausländer, sie heiratete den Mann 1929 im Alter von 22 Jahren. Beide gehörten einem Zirkel an, der sich mit den Werken des Holländers Baruch (Benedikt) Spinoza (1632–1677) beschäftigte, wie sie überhaupt lange Zeit ganz unter dem Einfluß der Philosophie stand. In einem ihrer Gedichte heißt es: »Mein Heiliger heißt Benedikt/Er hat das Weltall/klargeschliffen.« Und: »Der Mensch/ist dem Menschen/ein Gott/sagte Spinoza.«
Nach dreijähriger Ehe ließ sich Rose Ausländer scheiden. »Ich langweilte mich in der Ehe«, erinnert sie sich. »Man kann nicht mit der Langeweile leben. Mein Mann hat die Scheidung nie verwunden. Er überlebte den Krieg. Er ging wie ich nach Amerika, aber ich habe ihn nie mehr gesehen.«
Rose Ausländer kannte die Vereinigten Staaten schon von früher. Bereits in den zwanziger Jahren und noch Anfang der dreißiger Jahre hatte sie sich dort aufgehalten. Ihr Bruder Max aus New York glaubt sich zu erinnern, daß seine Schwester das erste Mal 1928 nach New York gereist sei und dann noch einmal kurz vor Ausbruch des Zweiten Weltkrieges. Sie habe sich ihren Unterhalt als Sekretärin verdient, wie sie es später erneut getan habe. Der Germanistikstudent Gerhard Reiter aus Illerrieden, der an einer Biographie der Dichterin arbeitet, verweist auf eine Auskunft von Professor Walter Bernard (Bellmore, N. Y.), der Rose Ausländer zusammen mit ihrem Mann Ignaz in New York erlebte und mit ihr ein philosophisches Seminar gründete. Mitglieder waren ehemalige Czernowitzer. Diese Vorkriegsaufenthalte in den USA sind von Rose Ausländer in ihren biographischen Angaben nicht vermerkt.
Seit dem 17. Lebensjahr schrieb sie Tagebuch. Immer

stärker drängten sich Gedichte auf die Seiten. Sie lernte Alfred Margul-Sperber kennen. Er war Redakteur des »Czernowitzer Morgenblatts« und publizierte dort die ersten Gedichte Rose Ausländers. Alfred Margul-Sperber (1898–1976), Entdecker Paul Celans, der ebenfalls aus Czernowitz stammt, sorgte dafür, daß 1939 Rose Ausländers erster Gedichtband erschien. Er traf die Auswahl der Gedichte, die unter dem Titel »Der Regenbogen« im Verlag Literaria in Czernowitz herauskamen, ein Band, der unterging im Zweiten Weltkrieg, über den heute keine Bibliothek verfügt. Im Deutschland des »Dritten Reiches« hatte er keine Chance der Rezension. Im Erstlingswerk bereits klingt der unverwechselbare Ton der späten Rose Ausländer an, von der erst 1965 ein zweiter Gedichtband folgte. In dem ihr erhalten gebliebenen Gedicht auf den Tod des Schriftstellers Elieser Steinbarg aus »Der Regenbogen« heißt es damals:

Es starb ein Schöpfer, und die Dinge sind,
was sie vor ihm gewesen, Dinge.
Ein Vater starb, es starb ein Kind.
Es trauern die verwaisten Schmetterlinge.

Im Jahre 1941 kam die deutsche Wehrmacht nach Czernowitz. Die Juden kamen in ein Getto. Das Elend der Todestransporte in die Gaskammern der Konzentrationslager begann. Rose Ausländer hauste mit ihrer Mutter, den Brüdern und einem Dutzend weiterer Menschen in einem Keller. Die Familie lebte von heimlich beschafften Nahrungsmitteln, die sie aus dem Erlös von Schmuck und anderen Dingen aus der mitgenommenen Habe finanzierten. »Die Christen kamen in das Getto«, erinnert sich Rose Ausländer, »um so günstig wie möglich einzukaufen. Der unerträglichen Realität gegenüber gab es zwei Verhaltensweisen: entweder man gab sich der Verzweiflung preis, oder man übersiedelte in eine andere Wirklichkeit, die geistige. Wir zum Tode verurteilten Juden waren unsagbar trostbedürftig. Und während wir den Tod erwarteten, wohnten manche von uns in

Traumworten – unser traumatisches Heim in der Heimatlosigkeit. Schreiben war leben. Überleben.«
So schrieb Rose Ausländer Gedichte, die sie bis heute nicht publiziert hat. Und bei den heimlichen Treffen Gleichgesinnter begegnete sie Paul Antschel, der sich als Dichter später Paul Celan nannte und 1960 in Paris Selbstmord beging. Sie lasen sich ihre Gedichte gegenseitig vor. »Der Tod ist ein Meister aus Deutschland«, heißt es bei Celan. Und bei Rose Ausländer heißt es:

Sie kamen
mit scharfen Fahnen und Pistolen
schossen alle Sterne und den Mond ab
damit kein Licht uns bliebe
damit kein Licht uns bliebe

Da begruben wir die Sonne
Es war eine unendliche Sonnenfinsternis

»Immer wieder wurden neue Gassen im Getto ausgehoben«, erinnert sich die Dichterin heute. »Im Frühjahr 1944 kamen die Russen. Wir hatten überlebt, das halte ich für ein Wunder.« Die Bukowina wurde ukrainische Sowjetrepublik. »Doch in unsere alten Wohnungen durften wir nicht zurück. Auch die Russen raubten und plünderten. Nun waren wir Deutsche und nicht mehr Juden. Aber die Russen brachten uns wenigstens soviel Befreiung, daß wir leben durften.« Rose Ausländer bekam die Genehmigung auszuwandern. Freunde in Amerika sorgten dafür, daß sie in die Vereinigten Staaten einreisen durfte.
Sie tauchte ein in die englische Sprache. Sie lernte schnell. Sie arbeitete in New York siebzehn Jahre lang als Sekretärin, Korrespondentin und Übersetzerin für Deutsch. Sie empfand sich als Fremde: »In der Achtstundenmühle mahlst du das Mehl des täglichen Brots: Litanei getippter Geschäfte und Kalkulationen. Pausenlos raunen die Sekunden im Blutgewebe.« Sie übertrug nebenher Gedichte von Else Lasker-Schüler und Prosa des Polen

Adam Mieckiewicz ins Englische. Sie schrieb eigene Gedichte in Englisch, und sie schrieb wieder Gedichte in ihrer deutschen Muttersprache. Die »New Yorker Staatszeitung und Herold« und das Wochenblatt »Aufbau« druckten die deutschen Verse. Aber das blieb Exil, das war Isolation; was sie schrieb, drang nicht nach Deutschland. Die »Schemen der toten Engel/Schatten aus Warschau/ schwarze Lilien auf weißen Feldern/ Regionen aus Feuer und Rauch« hinter sich, und – immer wieder hervordringend – vor sich: was sollte sie tun, wohin sollte sie gehen? Sie ging 1963 nach Wien, 1965 nach Düsseldorf. Nach über einem Vierteljahrhundert erschien ihr zweites Buch unter dem Titel »Blinder Sommer« im Wiener Bergland-Verlag: »Ich bin König Niemand/Trage mein Niemandsland/In der Tasche . . ./ Niemand argwöhnt/daß ich ein König bin/und in der Tasche trage/mein heimatloses Land.«

Rose Ausländer ist amerikanische Staatsangehörige. Von Amerika bekommt sie eine kleine Altersrente. Hinzugekommen ist eine Wiedergutmachungsrente. Davon lebt sie. »Ich halte es mit Nelly Sachs und ihren Worten ›der Verfolgte soll nicht zum Verfolger werden‹«, sagt sie. »Ich habe keine antideutschen Gefühle. Ich weiß um die Verbrechen, die geschehen sind. Ich weiß auch, daß der Antisemitismus nicht verschwunden ist. Fast alle Menschen haben zu viele Vorurteile.«

Endlos von neuem anfangen:

> Heimathungrig
> unsern täglichen Tod
> begraben wir im Wort
> Auferstehung

Im Jahre 1967 erschien Rose Ausländers dritter Gedichtband. Eine Frau von sechzig Jahren sucht den Zugang zum Leser:

> Zum Menschen bekenne ich mich mit
> allen Worten,
> die mich erschaffen

Jedes ihrer Gedichte ist ein Anruf an den anderen. Doch es sind noch immer wenige, die hinter den lärmenden Wörtern der Zeit zu ihren leisen Worten gefunden haben. Von Rose Ausländer sind inzwischen zehn Bücher veröffentlicht. Sie hat eine Reihe von Preisen bekommen: 1965 den Ehrenpreis der Stadt Meersburg, 1966 den silbernen Heinetaler des Verlages Hoffmann & Campe, 1967 den Drostepreis für Dichterinnen der Stadt Meersburg, 1977 den Ida-Dehmel-Preis und den Andreas-Gryphius-Preis.
Rückbesinnung auf den Ausgangspunkt – immer die Mutter:

> Mein Stern hängt
> an ihrer Nabelschnur
>
> Ich trinke ihre Milch
>
> Bald
> werde ich geboren
>
> Hinter meinem Tod
> wächst sie mir zu

Rose Ausländers Utopie ist rückwärts gewandt. Rückwärts gewandt holt sie archetypische Bilder herauf in ihre Gedichte, in denen eine Sistierung des Lebenskampfes, eine Aufhebung sogar noch der Sehnsucht gedacht ist, Selbstverleugnung als ultima ratio der Treue. Die Dimensionen, denen die 72jährige verhaftet ist, heißen: Erlösung der Lust, Stillstand der Zeit, das Ende des Todes, Stille, Schlaf, Nacht, Paradies; das Nirwanaprinzip nicht als Tod, sondern als Leben. Imaginäre Ruhepunkte im apokalyptischen Strudel der Zeit. Sie symbolisieren einen Zustand, der, dem Tod und dem Leben gleicherweise nahe und entfernt, keinem von beiden verhaftet ist: »Aufgelöst/strömen die Jahre/ans verflossene Ufer.« Und: »Ich werde/auch unter der Erde/leben/ Sie nimmt mich auf/hält mich/in ihrem Atem/Wir wachsen/zusammen.«

Rose Ausländer und ihre Vision vom Dichten:

Sieben Höllen
durchwandern

Der Himmel sieht
es gern

geh sagt er
du hast nichts
zu verlieren

Sie schreibt ihr Leben in Gedichten. Realität wird gelebte Poesie.

[Dieses Porträt ist dem Buch »Frauen schreiben. Ein neues Kapitel deutschsprachiger Literatur« von Jürgen Serke entnommen, Stern-Buchverlag Hamburg 1979]

Literaturverzeichnis

Werke von Rose Ausländer

1939 Der Regenbogen. Gedichte
Czernowitz: Verlag Literaria.

1965 Blinder Sommer. Gedichte
Wien: Bergland Verlag.

1967 36 Gerechte. Gedichte
Hamburg: Hoffmann & Campe. 2. Auflage: Duisburg: Gilles & Francke Verlag 1975.

1972 Inventar. Gedichte
Mit 4 mehrfarbigen Siebdrucken von Otto Piene. Duisburg: Guido Hildebrandt Verlag.

1974 Ohne Visum. Gedichte und kleine Prosa
Düsseldorf und Krefeld: Sassafras Verlag.

1975 Andere Zeichen. Gedichte
Nachwort von Marie Luise Kaschnitz. Düsseldorf: Concept Verlag.

1976 Gesammelte Gedichte. 1. Auflage. Gedichte und Prosa
Nachwort von Walter Helmut Fritz. Farbige Grafiken von HAP Grieshaber. Mit Sprechplatte. Leverkusen: Literarischer Verlag Helmut Braun.

1976 Noch ist Raum. Gedichte
Nachwort von Hans Bender. Grafik von Rupprecht Geiger. Duisburg: Gilles & Francke Verlag.

1977 Gesammelte Gedichte. 2. erweiterte und veränderte Auflage. Gedichte und Kurzprosa
Mit einem Essay von Jürgen P. Wallmann. Köln: Literarischer Verlag Helmut Braun.

Doppelspiel. Gedichte
Köln: Literarischer Verlag Helmut Braun. 3. Auflage: 1978.

Es ist alles anders. Gedichte
Mit Graphiken von Paul Breinig. Pfaffenweiler: Pfaffenweiler Presse. (Auswahl aus: Gesammelte Gedichte).

1978 Es bleibt noch viel zu sagen. Gedichte
Mit 2 Schallplatten und einem Malbrief von HAP Grieshaber in Kassette. Köln: Literarischer Verlag Helmut Braun.

Aschensommer. Ausgewählte Gedichte
Mit einem Essay von Jürgen P. Wallmann. München: Deutscher Taschenbuch Verlag (Bd. sr 5452). (Auswahl aus: Gesammelte Gedichte).

Mutterland. Gedichte
Herausgegeben von Berndt Mosblech. Köln: Literarischer Verlag Helmut Braun.

1979 Ein Stück weiter. Gedichte
Herausgegeben von Berndt Mosblech. Köln: Literarischer Verlag A. Braun.

1980 Einverständnis. Gedichte
Herausgegeben von Berndt Mosblech. Pfaffenweiler: Pfaffenweiler Presse.

1981 Rose Ausländer
Mein Atem heißt jetzt
Gedichte. S. Fischer Verlag.

Beiträge in Anthologien (Auswahl)

1964 Keine Zeit für Liebe
Herausgegeben von Peter Jokostra. Wiesbaden: Limes Verlag.

1968 Lyrik aus dieser Zeit
Herausgegeben von Wolfgang Weyrauch und Johannes Poethen. Eßlingen: Bechtle Verlag

1971 PEN
Herausgegeben von Martin Gregor-Dellin. Tübingen: Erdmann Verlag.
Motive
Herausgegeben von Richard Salis. Tübingen: Erdmann Verlag.

1972 Satzbau
Herausgegeben von Hans Peter Keller und Günter Lanser. Düsseldorf: Droste Verlag.
Jahresring 1972/1973
Herausgegeben von Hans Bender und Rudolf de le Roi. Stuttgart: Deutsche Verlagsanstalt.
Geständnisse
Herausgegeben von Wilhelm Gössmann. Düsseldorf: Droste Verlag.
Frieden aufs Brot
Herausgegeben von Mathias Schreiber. Köln: Rheinland Verlag.
Deutsche Gedichte seit 1960
Herausgegeben von Heinz Piontek. Stuttgart und Leipzig: Reclam Verlag.
Ein Stück Brachland, eine Schrift herum
Herausgegeben von der Universität Utrecht.

Jahresring 1976/1977
Herausgegeben von Hans Bender und Rudolf de le Roi. Stuttgart: Deutsche Verlagsanstalt.
Jahrbuch 1
Herausgegeben von Berndt Mosblech und Peter Kaczmarek. Leverkusen: Literarischer Verlag Helmut Braun.

1977 Pfaffenweiler Brevier
Pfaffenweiler Presse.

Schallplatte

1972 Confrontation
Lyrik und Free-Jazz. Mülheim/Ruhr: Hoppe & Werry.

Über Rose Ausländer (Auswahl)

1939 Kern, Martha. In: Morgenblatt, Czernowitz, 1939.
(Rezension: Der Regenbogen)

1940 Der Bund, Bern, 17. 3. 1940.
(Rezension: Der Regenbogen)
Die Nationalzeitung, Basel, 14. 4. 1940.
(Rezension: Der Regenbogen)

1946 Margul-Sperber, Alfred: Die Dichterin Rose Scherzer-Ausländer. Bukarest, September 1946.
(Alfred Margul-Sperber hat oft über R. A. geschrieben in Czernowitz und Bukarest)

1956 Moore, Marianne: Wagner College, Staten Island, N. Y., 30. 7. 1956. (Ehrenpreis)

1959 Lindt, Peter M. In: Radiosendung WEVD, New York, 25. 4. 1959.

1965 Hülsmanns, Dieter: Beispiele der Beständigkeit. In: Aachener Zeitung, 31. 12. 1965, und Allgemeine Wochenzeitung, Düsseldorf, 1965.
Rias Berlin, 1965. (Rezension: Blinder Sommer)
Sender Freies Berlin, 1965. (Rezension: Blinder Sommer)

1966 Andreas, Herbert. In: Neue Deutsche Hefte, Heft 111, 1966.
(Rezension: Blinder Sommer)

1967 Bondy, Barbara: Erfahrungen. In: Süddeutsche Zeitung, Stuttgart, 7. 12. 1967.
Hessischer Rundfunk, Frankfurt a. M., 1967.
(Rezension: 36 Gerechte)

Jokostra, Peter: Raum aus Rauch. In: Rheinische Post, Düsseldorf, 23. 12. 1967.
(Peter Jokostra schrieb oft über R. A., u. a. in Rheinische Post; NRZ; Aufbau, New York)
Keller, Hans-Peter: In: Neue Deutsche Hefte, Heft 117, 1967.
(Rezension: 36 Gerechte)
Krolow, Karl: Rose Ausländer. In: Badische Zeitung, Freiburg, 28.5. 1967. (Rezension: 36 Gerechte)
Lanser, Günter: Die Lyrikerin Rose Ausländer. In: Israel Forum, Heft 5, 1967.
Mennemeier, Franz Norbert: Lyrik – aus Prosa gefiltert. In: Neues Rheinland, Köln, Heft Juni/Juli 1967. (Rezensionen: Blinder Sommer, 36 Gerechte, Ohne Visum)
Radio Bremen, Bremen, 1967. (Rezension: 36 Gerechte)
Schaumann, Lore: Porträt Rose Ausländer. In: Neues Rheinland, Köln, Heft Juni/Juli 1967.
(Lore Schaumann schrieb oft über R. A., u. a. Rheinische Post, Düsseldorf, 18. 3. 1967, 18. 4. 1967, 15. 5. 1971, 25. 5. 1973, 30. 4. 1974, 20. 9. 1975).
Süddeutscher Rundfunk, Stuttgart 1967. (Rezension: 36 Gerechte)

1968 Lanser, Günter. In: Der Literat, 1968.

1970 Erhardt, Jacob. In: German-American Studies, Milwaukee, Wisc, USA, Vol. II, No. 2, 1970.
Rehbiersch, Philipp (d. i. Mathias Schreiber). In: Neues Rheinland, Köln, 1970. (Interpretation)

1971 Ebner, Jeannie. In: Literatur und Kritik, Wien, 1971. (Rezensionen: Blinder Sommer, 36 Gerechte)

1973 Bauer, Alexander, W.: In: dpa-Brief, 28. 11. 1973.
Schaumann, Lore: Wort und Welle – Rose Ausländer. In: Düsseldorfer Hefte, Düsseldorf, Heft 2, 1973.
(Nachdruck in: Schaumann, Lore: Düsseldorf schreibt, Düsseldorf, Triltsch Verlag 1973)
Wallmann, Jürgen P. In: Die Tat, Zürich, 20. 4. 1973. (Rezension: Inventar)

1974 Kaschnitz, Marie Luise. Nachwort. In: Andere Zeichen, Düsseldorf: Concept Verlag 1974.
(Nachdruck in: Frankfurter Allgemeine Zeitung, Frankfurt a. M., 16. 2. 1974; Gesammelte Gedichte, 1. Auflage, 1976)
–: Süddeutsche Zeitung, München, 19./20. 10. 1974. (Erwähnung R. A. in einem Artikel)

1975 Axmann, Elisabeth. In: Neue Literatur, Bukarest, September 1975. (Rezension: Andere Zeichen)
Krolow, Karl: Mohn und Gedächtnis. In: Frankfurter Allgemeine Zeitung, Frankfurt, 30. 8. 1975.

(Nachdruck in: Frankfurter Anthologie, herausgegeben von Marcel Reich-Ranicki, Frankfurt a. M.: Suhrkamp-Verlag 1976. Gesammelte Gedichte, 1. Auflage, 1976)
Lanser, Günter: Die vielstimmige Zeit. In: Düsseldorf, Heft IV, 1975.
–: In: Die Stimme, Tel-Aviv, November 1975.
–: In: Aufbau, New York, 1975.
Mahr, Gerhard. In: Weltwoche, Zürich, 9. 7. 1975. (Rezension: Ohne Visum)
Wallmann, Jürgen P. In: Die Tat, Zürich, 12. 12. 1975. (Rezension: Andere Zeichen. Nachdruck u. a. in: Tagesspiegel, Berlin, 23. 11. 1975; Literatur und Kritik, Wien, Heft 11, 1975. Sendungen 1975 im Süddeutschen Rundfunk, Stuttgart, und im Österreichischen Rundfunk)
1976 Bauer, Walter A. In: dpa-Buchbrief, 20. 12. 1976.
Bender, Hans: Nachwort. In: Noch ist Raum, Duisburg: Gilles & Francke Verlag 1976.
–: Immer zurück zum Pruth. In: Süddeutsche Zeitung, München, 30./31. 10.–1. 11. 1976 (Buch und Zeit) (Rezension: Gesammelte Gedichte)
EKZ-Informationsdienst, Reutlingen, Nummer 44, 1976. (Rezension: Gesammelte Gedichte)
Fritz, Walter Helmut: Schwarze Taube Mitternacht. In: Ausländer, Rose: Gesammelte Gedichte, 1. Auflage, Leverkusen: Literarischer Verlag Braun 1976.
Glenn, Jerry. In: Books Abroad, Univ. of Oklahoma, Vol. 50, No. 1, 1976.
(Rezension: Ohne Visum, Andere Zeichen)
Lanser, Günter. In: Die Stimme, Tel-Aviv, September 1976.
–: In: Aufbau, New York, 1976.
Politzer, Heinz: Gesänge der Fremdlingin. In: Frankfurter Allgemeine Zeitung, Frankfurt a. M., 7. 12. 1976. (Rezension: Gesammelte Gedichte)
Rheinischer Merkur, Köln, 9. 1. 1976.
(Rezension: Andere Zeichen)
Wallmann, Jürgen P. In: Westdeutscher Rundfunk (Mosaik), Köln, 4. 2. 1976.
(Rezension: 36 Gerechte. Nachdruck in: Die Tat, Zürich)
–: In: Westdeutscher Rundfunk (Mosaik), Köln, 24. 12. 1976. (Rezension: Noch ist Raum. Nachdruck in: Die Tat, Zürich, 28. 1. 1977)
–: In: Die Tat, Zürich, 1976. (Rezension: Gesammelte Gedichte, 1. Auflage 1976. Nachdruck in Düsseldorfer Hefte. Sendung im Süddeutschen Rundfunk, Stuttgart)
1977 Bauer, Walter A.: Die Überlebenschancen der Poesie. Au-

torengespräche 1. In : Düsseldorfer Nachrichten, Düsseldorf, Januar 1977. (Nachdruck in ca. 40 Zeitungen)
Krolow, Karl: Erinnerte Landschaften. In: Frankfurter Allgemeine Zeitung, Frankfurt, 17. 1. 1977. (Rezension: Noch ist Raum)
Lanser, Günter: Dichterische Umsetzung der Realität. In: Mannheimer Morgen, Mannheim, 29./30. 1. 1977. (Rezension: Gesammelte Gedichte)
Mennemeier, Franz Norbert: Klänge aus der romantischen Heimat. In: Neues Rheinland, Köln, Heft Januar, 1977. (Rezension: Gesammelte Gedichte)
1978 Krolow, Karl: Schreiben ist ein Trieb. In: Frankfurter Allgemeine Zeitung, Frankfurt, 22. 7. 1978. (Laudatio zur Verleihung der Ehrengabe des Kulturkreises im Bundesverband der Deutschen Industrie)
Krüger, Horst: Ein Spiel in der Luft. In: Frankfurter Allgemeine Zeitung, Frankfurt. (Frankfurter Anthologie. Interpretation des Gedichtes ›Jerusalem‹)

Alphabetisches Verzeichnis der Gedichte

Literatur der Gegenwart

Lars Gustafsson
Eine Insel in der Nähe von Magora (1401)
Herr Gustafsson persönlich (1559)
Sigismund (2092)

Peter Härtling
Eine Frau (1834)
Zwettl (1590)

Peter Handke
Der Hausierer (1125)

Joseph Heller
Catch 22 (1112)
Was geschah mit Slocum? (1932)

Stefan Heym
Der König David Bericht (1508)
5 Tage im Juni (1813)
Der Fall Glasenapp (2007)
Die richtige Einstellung und andere Erzählungen (2127)

Edgar Hilsenrath
Der Nazi & der Friseur (2178)

Aldous Huxley
Schöne neue Welt (26)

Eyvind Johnson
Träume von Rosen und Feuer (1586)

Erica Jong
Angst vorm Fliegen (2080)
Rette sich, wer kann (2457)

Hermann Kant
Die Aula (931)
Das Impressum (1630)

Marie Luise Kaschnitz
Tage, Tage, Jahre (1180)

Walter Kempowski
Immer so durchgemogelt (1733)

Walter Kolbenhoff
Von unserm Fleisch und Blut (2034)

August Kühn
Zeit zum Aufstehn (1975)
Münchner Geschichten (1887)

Günter Kunert
Tagträume in Berlin und andernorts (1437)

Reiner Kunze
Der Löwe Leopold (1534)
Die wunderbaren Jahre (2074)
Zimmerlautstärke (1934)

Siegfried Lenz
So zärtlich war Suleyken (312)

Jakov Lind
Der Ofen (1814)